Créer une IA avec

Python et Hugging Face:

Introduction

4

L'intelligence artificielle (IA) est un domaine en pleine croissance qui suscite à la fois l'enthousiasme et l'appréhension. Les avancées technologiques réalisées ces dernières années ont conduit à une prolifération de solutions utilisant l'IA dans des domaines variés, allant de l'automatisation de processus complexes à la compréhension et la génération de langage naturel. Ce livre a pour objectif de vous guider dans la création d'une IA à l'aide de Python3 et de la bibliothèque Transformers de Hugging Face, en vous proposant des explications claires et des exemples pratiques.

Python est un langage de programmation populaire, particulièrement adapté pour les projets d'IA et de machine learning (ML) grâce à sa syntaxe claire et à la richesse de ses bibliothèques. Parmi les nombreuses bibliothèques disponibles pour Python, Hugging Face est une référence dans le domaine de l'IA et du traitement du langage naturel (NLP). En combinant les forces de Python3 et de Hugging Face, vous serez en mesure de concevoir et de déployer des modèles d'IA de pointe pour résoudre des problèmes complexes et créer des applications innovantes.

Dans ce livre, nous aborderons les concepts clés de l'IA, du machine learning et du deep learning, tout en vous présentant les principales bibliothèques Python utilisées dans ces domaines. Nous mettrons un accent particulier sur Hugging Face et la bibliothèque Transformers, qui vous permettra de travailler avec des modèles pré-entraînés et de créer vos propres modèles personnalisés.

Nous explorerons également les différents types de modèles et d'architectures disponibles, en nous concentrant sur les modèles multimodaux, la computer vision et le NLP. Les modèles multimodaux sont capables de traiter et de combiner plusieurs types de données, tels que le texte, les images et le son. Les modèles de computer vision sont spécialisés dans l'analyse et la compréhension d'images, tandis que les modèles de NLP sont dédiés au traitement du langage naturel. En combinant ces différentes approches, vous pourrez développer des solutions d'IA capables de relever des défis divers et variés.

Pour vous aider à maîtriser ces concepts et technologies, nous vous guiderons tout au long du processus d'entraînement de modèles IA. Vous apprendrez comment prétraiter et préparer vos données pour l'entraînement, effectuer le fine-tuning de modèles pré-entraînés et créer des modèles personnalisés avec Transformers. Nous aborderons également l'optimisation et l'évaluation des performances des modèles, ainsi que des techniques avancées pour améliorer leur efficacité et leur précision.

Une fois que vous aurez acquis les compétences nécessaires pour entraîner et optimiser vos modèles, nous vous montrerons comment les utiliser dans des applications concrètes. Nous explorerons la recherche de modèles et de datasets, ainsi que leur utilisation pour résoudre des problèmes spécifiques. Vous découvrirez également comment intégrer vos modèles IA dans des applications web et mobiles, en exportant et important les modèles pour un déploiement facile et efficace. Nous vous présenterons des exemples pratiques pour vous aider à comprendre les principes et les techniques sous-jacents à la mise en œuvre de l'IA dans des applications réelles.

Ensuite, nous explorerons le concept de Spaces de Hugging Face, qui vous permet de parcourir, de créer et de gérer des espaces de travail collaboratifs pour vos projets d'IA. Les Spaces facilitent le partage de modèles et de datasets avec la communauté, la gestion des versions et la collaboration avec d'autres développeurs et chercheurs en IA.

Pour aller plus loin, nous aborderons des sujets avancés tels que les pipelines, l'entraînement de tokenizers, le pruning, la sauvegarde de modèles pré-entraînés et l'AutoTrain. Ces techniques et outils vous permettront d'optimiser vos modèles et vos processus de travail, afin de tirer le meilleur parti de la puissance de Python3 et de Hugging Face.

Enfin, nous mettrons en pratique les concepts et les techniques appris tout au long du livre en créant une IA à partir de zéro. Nous vous guiderons pas à pas dans la construction d'exemples pratiques tels qu'un chatbot, une application de classification de texte et un générateur de texte. Ces exemples vous donneront une vision concrète des possibilités offertes par l'IA et vous aideront à acquérir les compétences nécessaires pour concevoir et développer vos propres projets d'IA innovants.

Ce livre est conçu pour vous accompagner dans votre apprentissage de l'IA avec Python3 et Hugging Face, en vous fournissant les connaissances et les outils nécessaires pour créer des modèles d'IA performants et innovants. Que vous soyez un développeur expérimenté cherchant à ajouter l'IA à votre boîte à outils, ou un étudiant curieux de découvrir les possibilités offertes par l'IA et le machine learning, ce livre vous apportera une compréhension approfondie des concepts clés et des techniques à maîtriser.

En suivant les étapes décrites dans ce livre, vous serez en mesure de créer des solutions d'IA adaptées à vos besoins, de résoudre des problèmes complexes et de contribuer à l'avancement de l'intelligence artificielle. Alors, sans plus attendre, plongeons dans le monde fascinant de l'IA avec Python3 et Hugging Face, et découvrons ensemble comment créer les applications de demain.

Table des matières

Chapitre 1 : Introduction à l'IA et au Machine Learning

Introduction

1. Python3 et les bibliothèques indispensables pour l'IA.

2. Introduction à Hugging Face et la bibliothèque Transformers

3. Les modèles
4. Les datasets
5. Les Tokens
6. Les Tokenizers

1.1 Python3 et les bibliothèques indispensables pour l'IA

Python est un langage de programmation de haut niveau, populaire et largement utilisé dans le domaine de l'intelligence artificielle et du machine learning. Grâce à sa syntaxe claire et lisible, ainsi qu'à une communauté active de développeurs et de chercheurs, Python est devenu le langage de choix pour de nombreux projets d'IA. Python3 est la version la plus récente du langage, offrant des améliorations de performance et de fonctionnalités par rapport à Python2.

L'un des principaux avantages de Python réside dans la richesse de ses bibliothèques. Plusieurs bibliothèques sont spécifiquement dédiées à l'IA et au machine learning, facilitant grandement la mise en œuvre et l'expérimentation de modèles et d'algorithmes. Voici quelques-unes des bibliothèques Python les plus importantes et couramment utilisées dans ce domaine :

1.1.1 NumPy :

NumPy est une bibliothèque essentielle pour les calculs scientifiques et la manipulation de données numériques. Elle fournit des structures de données de haute performance, telles que les tableaux multidimensionnels et les matrices, ainsi que des fonctions pour effectuer des opérations mathématiques complexes.

1.1.2 Pandas :

Pandas est une bibliothèque conçue pour faciliter la manipulation et l'analyse de données structurées. Elle fournit des structures de données flexibles, telles que les DataFrames et les Series, et des outils pour gérer, filtrer et transformer les données en fonction de vos besoins.

1.1.3 Scikit-learn :

Scikit-learn est une bibliothèque de machine learning très populaire qui propose une grande variété d'algorithmes d'apprentissage supervisé et non supervisé, ainsi que des outils pour l'évaluation des modèles, la sélection des caractéristiques et la préparation des données. Scikit-learn est idéal pour les débutants en machine learning, car il offre une interface simple et cohérente pour la plupart des tâches d'apprentissage.

1.1.4 TensorFlow :

Développée par Google, TensorFlow est une bibliothèque de calcul numérique qui permet de créer et d'entraîner des réseaux de neurones profonds. Elle offre une API de haut niveau (Keras) pour faciliter la conception et l'entraînement de modèles de deep learning, ainsi qu'une API de bas niveau pour les utilisateurs expérimentés souhaitant un contrôle plus précis sur le processus d'apprentissage.

1.1.5 PyTorch :

PyTorch est une bibliothèque de deep learning développée par Facebook qui offre une interface intuitive et flexible pour la création et l'entraînement de réseaux de neurones. Elle est particulièrement appréciée pour son support dynamique de calcul de graphes, qui facilite la construction et la modification de modèles à la volée.

1.1.6 OpenCV :

OpenCV est une bibliothèque de traitement d'images et de computer vision qui propose des fonctions pour la manipulation d'images, la détection de caractéristiques, la reconnaissance d'objets et bien d'autres tâches liées à la vision par ordinateur. Elle est largement utilisée dans les applications de reconnaissance faciale, de détection de mouvement et d'analyse d'images.

1.2 Introduction à Hugging Face et la bibliothèque Transformers

Hugging Face est une entreprise de technologie spécialisée dans le développement de solutions d'intelligence artificielle et de traitement du langage naturel (NLP). Elle a été fondée en 2016 par Clément Delangue et Julien Chaumond, et depuis, elle est devenue l'un des acteurs majeurs dans le domaine de l'IA. Hugging Face s'est notamment distinguée par la création de la bibliothèque Transformers, qui est aujourd'hui largement utilisée pour développer des modèles de NLP performants et innovants.

La bibliothèque Transformers est un outil puissant et flexible qui offre une interface unifiée pour travailler avec des modèles pré-entraînés de pointe, tels que BERT, GPT-2, RoBERTa, T5, et bien d'autres. Elle est compatible avec plusieurs frameworks de deep learning, tels que TensorFlow et PyTorch, et elle est conçue pour faciliter la création, l'entraînement et le déploiement de modèles de NLP personnalisés. Transformers est particulièrement adaptée pour les tâches de classification de texte, de génération de texte, de question-réponse, de résumé automatique et de traduction automatique, pour n'en nommer que quelques-unes.

Avant de nous plonger dans les détails techniques de la bibliothèque Transformers, il est important de comprendre brièvement ce que sont les modèles et les datasets, car ces concepts sont fondamentaux pour travailler avec Hugging Face et la bibliothèque Transformers.

Les modèles sont des structures algorithmiques qui apprennent à partir de données pour effectuer des tâches spécifiques, comme la prédiction, la classification ou la génération de contenu. Ils sont conçus pour capturer et représenter les relations entre les variables d'entrée et de sortie, en utilisant des techniques d'apprentissage supervisé ou non supervisé. Les modèles sont généralement composés de plusieurs couches de neurones artificiels, qui sont interconnectées et ajustées au cours de l'entraînement pour minimiser les erreurs de prédiction.

Les datasets, quant à eux, sont des collections structurées de données utilisées pour entraîner, valider et tester les modèles. Ils peuvent être composés de textes, d'images, de sons ou d'autres types de données, et ils sont généralement organisés en paires d'entrées et de sorties, qui correspondent aux exemples d'apprentissage. Les datasets sont essentiels pour l'apprentissage supervisé, car ils fournissent aux modèles les informations nécessaires pour ajuster leurs paramètres et améliorer leurs performances.

Maintenant que nous avons une compréhension générale des modèles et des datasets, revenons à la bibliothèque Transformers et explorons ses principales caractéristiques et fonctionnalités.

Transformers est une bibliothèque modulaire et extensible, qui est organisée en plusieurs composants clés. Les principaux composants sont les suivants :

1.2.1 Modèles pré-entraînés :

Transformers offre un accès facile à une large gamme de modèles pré-entraînés de pointe, qui ont été entraînés sur d'énormes datasets et sont prêts à être utilisés pour diverses tâches de NLP. Ces modèles pré-entraînés peuvent être facilement adaptés à vos propres données et tâches spécifiques en utilisant la technique de fine-tuning, qui consiste à ajuster légèrement les paramètres du modèle pour les adapter à un nouveau contexte. Les modèles pré-entraînés sont une ressource précieuse pour les développeurs et les chercheurs, car ils permettent d'obtenir des résultats performants avec un effort de calcul et de temps d'entraînement considérablement réduit.

1.2.2 Tokenizers :

Les tokenizers sont des outils qui transforment le texte brut en une représentation numérique qui peut être traitée par les modèles de NLP. Ils sont responsables de la segmentation du texte en tokens, qui sont les unités de base du traitement du langage naturel (par exemple, les mots, les phrases ou les caractères). Les tokenizers sont également chargés de convertir les tokens en identifiants numériques, de créer des masques d'attention et de gérer les séquences d'entrée pour les modèles. Transformers propose des tokenizers spécifiques pour chaque modèle pré-entraîné, ainsi que des tokenizers personnalisables pour s'adapter à différents types de données et de tâches.

1.2.3 Architectures de modèles :

Transformers supporte plusieurs architectures de modèles de NLP, qui sont des structures algorithmiques conçues pour effectuer des tâches spécifiques. Par exemple, l'architecture BERT est utilisée pour la classification de texte et la question-réponse, tandis que l'architecture GPT-2 est utilisée pour la génération de texte. Chaque architecture de modèle a ses propres caractéristiques et performances, et vous pouvez choisir celle qui convient le mieux à votre projet en fonction de vos besoins et de vos ressources.

1.2.4 Entraînement et fine-tuning :

La bibliothèque Transformers facilite l'entraînement et le fine-tuning de modèles personnalisés en fournissant des outils et des fonctions pour la préparation des données, la gestion des modèles, l'optimisation des paramètres et l'évaluation des performances.

Vous pouvez entraîner un modèle à partir de zéro ou adapter un modèle pré-entraîné à vos données et à votre tâche spécifique en utilisant des techniques de fine-tuning, telles que l'apprentissage supervisé, l'apprentissage par transfert ou l'apprentissage auto-supervisé.

1.2.5 Intégration et déploiement :

Transformers est conçu pour faciliter l'intégration et le déploiement de modèles de NLP dans des applications réelles. Vous pouvez exporter et importer des modèles entraînés pour les utiliser dans des applications web et mobiles, et vous pouvez également tirer parti des fonctionnalités avancées de la bibliothèque, telles que les pipelines, pour simplifier et automatiser le traitement du texte et la génération de résultats.

En résumé, la bibliothèque Transformers de Hugging Face est un outil puissant et flexible pour le développement de solutions d'intelligence artificielle et de traitement du langage naturel. Elle offre une interface unifiée pour travailler avec des modèles pré-entraînés de pointe, ainsi que des outils et des ressources pour faciliter le travail des développeurs.

1.3 Les modèles

Un modèle est une structure algorithmique qui apprend à partir de données pour effectuer des tâches spécifiques, telles que la prédiction, la classification ou la génération de contenu.

1.3.1 Multimodal :

Les modèles multimodaux sont capables de traiter et de combiner plusieurs types de données, tels que le texte, les images et l'audio. Parmi les principaux modèles multimodaux, on trouve :

Feature Extractor : Ce modèle extrait des caractéristiques pertinentes à partir de données multimodales pour les utiliser dans d'autres modèles ou tâches.

TextToImage : Ces modèles transforment du texte en images, en capturant les informations sémantiques du texte et en les convertissant en représentations visuelles.

ImageToText : Inversement, ces modèles convertissent des images en texte, en extrayant des informations visuelles et en les traduisant en descriptions textuelles.

VisualQuestionAnswering : Les modèles de Visual Question Answering (VQA) répondent aux questions relatives à une image donnée, en combinant la compréhension du texte et la reconnaissance d'objets visuels. Ils sont capables d'analyser l'image et le texte de la question simultanément, puis de fournir une réponse appropriée en se basant sur les informations extraites.

DocumentQuestionAnswering : Ces modèles traitent des questions posées sur un document ou un ensemble de documents. Ils analysent le texte des documents et identifient les informations pertinentes pour répondre aux questions. Ils sont souvent utilisés pour des tâches telles que la recherche d'informations, l'extraction d'entités ou la synthèse de réponses.

GraphMachineLearning : Les modèles de Graph Machine Learning (GML) traitent des données représentées sous forme de graphes, où les nœuds représentent les entités et les arêtes représentent les relations entre les entités. Ils sont utilisés pour des tâches comme la prédiction de liens, la classification de nœuds et la détection de communautés.

1.3.2 Computer Vision :

Les modèles de computer vision traitent principalement des données visuelles (images et vidéos). Quelques types de modèles de computer vision incluent :

Convolutional Neural Networks (CNN) : Ils sont utilisés pour la classification d'images, la détection d'objets et la segmentation d'images.

Generative Adversarial Networks (GAN) : Ces modèles génèrent de nouvelles images en apprenant la distribution des données d'entraînement.

Object Detection Models : Ils identifient et localisent les objets présents dans une image, en attribuant une classe et une position à chaque objet détecté.

ZeroShotImageClassification : Les modèles de Zero-Shot Image Classification classifient les images sans avoir été spécifiquement entraînés sur les classes d'images cibles. Ils tirent parti des connaissances acquises lors de l'entraînement sur d'autres tâches ou d'autres classes pour généraliser et classer de nouvelles images sans entraînement supplémentaire.

1.3.3 NLP :

Les modèles de NLP traitent des données textuelles et linguistiques. Parmi les types de modèles de NLP, on trouve :

Seq2Seq : Ces modèles transforment une séquence d'entrée en une séquence de sortie, et sont utilisés pour la traduction automatique ou la génération de résumés.

Transformer-based Models : Comme BERT, GPT ou RoBERTa, ils sont utilisés pour diverses tâches, telles que la classification de texte, la question-réponse et la génération de texte.

ZeroShotClassification : Semblable aux modèles de Zero-Shot Image Classification, les modèles de Zero-Shot Classification effectuent des tâches de classification sans avoir été spécifiquement entraînés sur les classes cibles. Ils sont capables de généraliser leurs connaissances à de nouvelles classes de données, en utilisant des représentations sémantiques ou des métriques de similarité pour classer les exemples sans connaître les classes au préalable.

FillMask : Les modèles de FillMask sont conçus pour compléter des portions de texte masquées, en prédisant les mots ou les phrases manquantes en se basant sur le contexte. Ils sont souvent utilisés pour des tâches de complétion de texte, d'amélioration de la rédaction ou de génération de suggestions de texte.

Summarization : Les modèles de summarization génèrent des résumés concis et informatifs à partir de documents ou de textes plus longs. Ils utilisent des techniques de compression de texte, d'extraction d'informations et de génération de phrases pour créer des résumés qui reflètent le contenu principal du texte source.

1.3.4 Audio :

Les modèles audio traitent des données sonores, telles que la parole ou la musique. Les principaux types de modèles audio incluent :

Automatic Speech Recognition (ASR) : Ils convertissent la parole en texte, en reconnaissant les mots et les phrases à partir de signaux audio.

Text-to-Speech (TTS) : Inversement, ces modèles génèrent de la parole à partir de texte, en synthétisant des signaux audio qui correspondent au contenu textuel.

1.3.5 Tabular :

Les modèles tabulaires traitent des données structurées, généralement sous forme de tableaux ou de bases de données. Les types courants de modèles tabulaires incluent :

Decision Trees : Ils apprennent des règles de décision à partir des données pour effectuer des tâches de classification ou de régression.

Gradient Boosting Machines (GBM) : Ces modèles combinent plusieurs arbres de décision pour améliorer les performances et réduire les erreurs de prédiction.

1.4 Les datasets

Un dataset est un ensemble structuré de données utilisé pour l'entraînement, la validation et le test des modèles d'intelligence artificielle. Les datasets sont essentiels pour l'apprentissage et l'évaluation des modèles, car ils fournissent les informations nécessaires pour ajuster les paramètres du modèle et mesurer ses performances. Les datasets peuvent contenir différents types de données, tels que du texte, des images, de l'audio, des vidéos ou des données tabulaires, en fonction des tâches et des domaines d'application.

Voici quelques exemples de datasets populaires pour différentes tâches :

1.4.1 Texte :

IMDb (Internet Movie Database) : Un dataset contenant des critiques de films et leurs notes, utilisé pour la classification de sentiments.

SQuAD (Stanford Question Answering Dataset) : Un dataset pour la tâche de question-réponse, composé de questions posées par des êtres humains sur des articles de Wikipédia.

1.4.2 Images :

ImageNet : Un large dataset contenant plus de 14 millions d'images annotées avec des milliers de classes d'objets, utilisé pour la classification et la détection d'objets.

COCO (Common Objects in Context) : Un dataset pour la segmentation d'images, la détection d'objets et la reconnaissance de scènes, contenant des images annotées avec des objets et leurs contextes.

1.4.3 Audio :

LibriSpeech : Un dataset constitué d'enregistrements audio de livres lus à voix haute, utilisé pour l'apprentissage automatique de la reconnaissance vocale.

VCTK (Voice Cloning Toolkit) : Un dataset de voix de locuteurs multiples enregistrées dans des conditions de studio, utilisé pour les tâches de synthèse vocale.

1.4.4 Vidéo :

Kinetics : Un dataset de vidéos provenant de YouTube, annotées avec des actions humaines, utilisé pour la classification d'actions et la reconnaissance d'activités.

UCF101 : Un dataset de vidéos d'actions humaines en 101 catégories, utilisé pour l'apprentissage de la reconnaissance d'actions et la classification de vidéos.

Ces datasets peuvent être utilisés pour entraîner et évaluer divers modèles d'IA, en fonction des tâches et des domaines d'application. L'utilisation de datasets appropriés est cruciale pour garantir la qualité et la fiabilité des modèles d'intelligence artificielle.

1.5 Les Tokens

Un token est une unité élémentaire de données utilisée pour représenter et traiter des informations dans les modèles d'intelligence artificielle. Dans le contexte du traitement du langage naturel (NLP), un token peut être un mot, un caractère, ou une sous-unité de mot, comme un morceau de mot ou un n-gramme. La tokenisation est le processus qui consiste à diviser un texte en une séquence de tokens, permettant aux modèles d'analyser et de traiter les informations de manière structurée.

Voici quelques exemples de tokens pour différents types de tokenisation :

1.5.1 Tokenisation par mots :

Dans ce cas, les tokens sont des mots individuels ou des symboles de ponctuation. Par exemple, la phrase "J'aime les chats." serait tokenisée en ["J'aime", "les", "chats", "."].

1.5.2 Tokenisation par caractères :

Ici, les tokens sont les caractères individuels de la chaîne de texte. La même phrase "J'aime les chats." serait tokenisée en ["J", "'", "a", "i", "m", "e", " ", "l", "e", "s", " ", "c", "h", "a", "t", "s", "."].

1.5.3 Tokenisation par sous-mots :

Dans cette approche, les tokens sont des sous-unités de mots, qui peuvent être des morceaux de mots ou des n-grammes. Par exemple, la phrase "J'aime les chats." pourrait être tokenisée en ["J'", "ai", "me", " ", "le", "s", " ", "ch", "at", "s", "."], où les tokens représentent des parties de mots ou des combinaisons de caractères.

La tokenisation est une étape cruciale dans le traitement des données pour les modèles d'IA, car elle permet de convertir des informations non structurées, telles que du texte, en représentations structurées qui peuvent être traitées par les algorithmes. Les tokens sont utilisés comme entrées pour les modèles, qui apprennent ensuite à associer ces unités de données à des informations sémantiques ou à des tâches spécifiques, telles que la classification, la génération de texte ou la traduction.

1.6 Les Tokenizers

Un tokenizer est un outil ou une fonction qui effectue la tokenisation, c'est-à-dire le processus de découpage d'un texte en une séquence de tokens. Les tokenizers jouent un rôle essentiel dans le traitement du langage naturel et la préparation des données pour les modèles d'intelligence artificielle, car ils transforment les informations non structurées en représentations structurées qui peuvent être traitées par les algorithmes.

Il existe différents types de tokenizers, en fonction de la méthode de tokenisation utilisée, tels que les tokenizers par mots, par caractères ou par sous-mots. Choisir le bon tokenizer pour une tâche spécifique est important, car cela peut influencer la qualité et les performances du modèle entraîné.

Dans certains cas, les tokenizers pré-entraînés fournis par des bibliothèques comme Hugging Face peuvent être utilisés pour préparer les données. Ces tokenizers pré-entraînés sont souvent optimisés pour fonctionner avec des modèles spécifiques et ont été entraînés sur de vastes corpus de texte pour capturer les structures et les nuances du langage. L'utilisation d'un tokenizer pré-entraîné adapté à la tâche peut faciliter la préparation des données et améliorer les performances du modèle.

Cependant, dans certaines situations, il peut être nécessaire d'entraîner un tokenizer personnalisé pour mieux répondre aux exigences d'un projet ou d'un domaine d'application spécifique. Par exemple, si vous travaillez avec un langage ou un jargon technique qui n'est pas bien représenté dans les tokenizers pré-entraînés, vous pourriez avoir besoin d'entraîner un tokenizer qui comprend et traite correctement les termes et les structures spécifiques à ce domaine. De même, si vous travaillez avec un script ou un système d'écriture unique, un tokenizer personnalisé peut être nécessaire pour garantir une tokenisation précise et efficace.

Entraîner un tokenizer personnalisé implique généralement de collecter un large corpus de texte représentatif du domaine ou de la langue concernée, puis d'entraîner le tokenizer à découper correctement le texte en tokens. Une fois entraîné, le tokenizer peut être utilisé pour préparer les données en vue de l'entraînement ou de l'évaluation des modèles d'IA, en veillant à ce que les tokens soient alignés avec les spécificités du domaine ou de la langue.

Chapitre 2 : Entraînement

Introduction

1. Prétraitement et préparation des données pour l'entraînement

2. Fine-tuning des modèles pré-entraînés de Hugging Face

3. Création et entraînement de modèles personnalisés avec Transformers

4. Optimisation et évaluation des performances des modèles

5. Sélection des hyperparamètres

2.1 Prétraitement et préparation des données pour l'entraînement

Le prétraitement et la préparation des données sont des étapes cruciales dans le développement de modèles d'intelligence artificielle efficaces, en particulier lors de l'utilisation de Hugging Face et de Python3 pour l'entraînement. Ces étapes consistent à nettoyer, organiser et structurer les données de manière à faciliter l'apprentissage et l'évaluation des modèles.

Voici quelques étapes clés du prétraitement et de la préparation des données pour l'entraînement avec Hugging Face et Python3 :

2.1.1 Nettoyage des données :

Il est important de nettoyer les données en éliminant les éléments indésirables, tels que les caractères spéciaux, les balises HTML, les erreurs de frappe et les espaces inutiles. Cela peut être fait en utilisant des techniques de nettoyage de texte courantes en Python, telles que les expressions régulières et les fonctions de chaîne. Voici un exemple en Python :

```python
import re

def clean_text(text):
    # Suppression des balises HTML
    text = re.sub('<[^>]*>', ' ', text)
```

```
#Remplacement caractères spéciaux et chiffres
text = re.sub('[^a-zA-Z]', ' ', text)

#Suppression espaces multiples et inutiles
text = re.sub('\s+', ' ', text).strip()

return text.lower()
```

```
raw_text = "<p>Voici un exemple de texte avec des
balises HTML et des caractères spéciaux !#$
%&'()*+,-./:;<=>?@[\]^_`{|}~0123456789</p>"
cleaned_text = clean_text(raw_text)
print(cleaned_text)
```

2.1.2 Séparation des données :

Les données doivent être divisées en ensembles d'entraînement, de validation et de test. L'ensemble d'entraînement est utilisé pour entraîner le modèle, l'ensemble de validation pour ajuster les hyperparamètres et évaluer les performances pendant l'entraînement, et l'ensemble de test pour évaluer les performances finales du modèle. La séparation des données peut être réalisée en utilisant des fonctions de partage de données fournies par des bibliothèques Python telles que scikit-learn ou pandas. Voici un exemple en Python :

```
from sklearn.model_selection import
train_test_split

# Exemple de données
data = [
```

```
    ("Texte exemple 1", "label1"),
    ("Texte exemple 2", "label2"),
    ("Texte exemple 3", "label1"),
    ("Texte exemple 4", "label2"),
    ("Texte exemple 5", "label1"),
    ("Texte exemple 6", "label2")
]

texts = [text for text, label in data]
labels = [label for text, label in data]

# Séparation des données en ensembles
d'entraînement, de validation et de test
train_texts, test_texts, train_labels,
test_labels = train_test_split(texts, labels,
test_size=0.2, random_state=42)
train_texts, val_texts, train_labels, val_labels
= train_test_split(train_texts, train_labels,
test_size=0.25, random_state=42)

print("Ensemble d'entraînement:", train_texts,
train_labels)
print("Ensemble de validation:", val_texts,
val_labels)
print("Ensemble de test:", test_texts,
test_labels)
```

2.1.3 Tokenisation :

Comme mentionné précédemment, la tokenisation consiste à diviser le texte en une séquence de tokens. Pour préparer les données pour l'entraînement avec Hugging Face, vous devez utiliser le tokenizer approprié pour le modèle que vous souhaitez entraîner. Les tokenizers pré-entraînés peuvent être importés depuis la bibliothèque Transformers de Hugging Face, ou vous pouvez entraîner votre propre tokenizer si nécessaire.

2.1.4 Encodage des tokens :

Les tokens doivent être convertis en représentations numériques, appelées identifiants de tokens, pour être utilisés comme entrée dans les modèles d'IA. Les tokenizers de Hugging Face fournissent des méthodes pour convertir les tokens en identifiants, tels que encode ou encode_plus. Cette étape crée également des masques d'attention et des segments, qui sont utilisés par certains modèles pour traiter efficacement les données.

Mise en forme des données : Les données encodées doivent être mises en forme pour correspondre aux exigences d'entrée du modèle. Cela peut inclure la mise en forme des données en lots, le padding des séquences pour qu'elles aient toutes la même longueur, et la conversion des étiquettes en représentations numériques compatibles avec le modèle. Des bibliothèques Python telles que PyTorch ou TensorFlow peuvent être utilisées pour manipuler et formater les données.

2.1.5 Création de DataLoaders :

Les DataLoaders sont des objets qui facilitent l'alimentation des données prétraitées et préparées dans le modèle pendant l'entraînement et l'évaluation. Avec Hugging Face, vous pouvez utiliser les classes de DataLoader fournies par PyTorch ou TensorFlow pour créer des DataLoaders personnalisés, qui gèrent efficacement l'alimentation des données en lots, le mélange des données et d'autres aspects du processus d'entraînement.

En résumé, le prétraitement et la préparation des données pour l'entraînement avec Hugging Face et Python3 impliquent plusieurs étapes, dont le nettoyage des données, la séparation en ensembles d'entraînement, de validation et de test, la tokenisation, l'encodage des tokens, la mise en forme des données et la création de DataLoaders. Ces étapes permettent de s'assurer que les données sont bien structurées et prêtes à être utilisées pour entraîner des modèles d'intelligence artificielle efficaces.

2.2 Fine-tuning des modèles pré-entraînés de Hugging Face

Le fine-tuning des modèles pré-entraînés de Hugging Face est une approche courante pour adapter les modèles de pointe en NLP et autres domaines à des tâches spécifiques avec un minimum d'effort. Les modèles pré-entraînés sont des modèles qui ont été préalablement entraînés sur d'énormes datasets et ont appris une représentation générale du langage ou d'autres modalités. En ajustant ces modèles à une tâche spécifique, nous pouvons tirer parti de ces connaissances préalables pour obtenir rapidement de bonnes performances.

Voici un aperçu des étapes à suivre pour fine-tuner un modèle pré-entraîné de Hugging Face:

Charger un modèle pré-entraîné et son tokenizer : Vous devez d'abord sélectionner un modèle pré-entraîné adapté à votre tâche (par exemple, BERT, GPT-2, RoBERTa, etc.) et le charger avec le tokenizer correspondant. La bibliothèque Transformers de Hugging Face facilite cette étape en fournissant des fonctions pour charger des modèles et des tokenizers pré-entraînés.

```
from transformers import
AutoModelForSequenceClassification, AutoTokenizer

model_name = "distilbert-base-uncased"
model = AutoModelForSequenceClassification.
from_pretrained(model_name)
tokenizer = AutoTokenizer.from_pretrained(model_name)
```

2.2.1 Préparer les données :

Comme décrit dans les sections précédentes, les données doivent être nettoyées, tokenisées, encodées et mises en forme pour correspondre aux exigences d'entrée du modèle. Utilisez le tokenizer chargé à l'étape 1 pour tokeniser et encoder les données d'entraînement, de validation et de test.

2.2.2 Configurer l'entraînement :

Avant de commencer le fine-tuning, vous devez configurer certains paramètres d'entraînement tels que le nombre d'époques, la taille du lot, le taux d'apprentissage et les métriques d'évaluation. Hugging Face fournit des outils tels que Trainer (pour PyTorch) et TFTrainer (pour TensorFlow) qui facilitent la configuration et l'exécution du fine-tuning.

```python
from transformers import TrainingArguments,
Trainer

training_args = TrainingArguments(
    output_dir="./results",
    num_train_epochs=3,
    per_device_train_batch_size=16,
    per_device_eval_batch_size=16,
    learning_rate=2e-5,
    logging_dir="./logs",
)

trainer = Trainer(
    model=model,
    args=training_args,
    train_dataset=train_dataset,
    eval_dataset=val_dataset,
)
```

2.2.3 Entraînement et évaluation :

En utilisant l'objet Trainer ou TFTrainer configuré à l'étape précédente, vous pouvez lancer le processus de fine-tuning et évaluer les performances du modèle sur l'ensemble de validation à la fin de chaque époque.

```python
trainer.train()
```

2.2.4 Évaluation sur l'ensemble de test :

Une fois le fine-tuning terminé, évaluez les performances du modèle sur l'ensemble de test pour obtenir une estimation des performances réelles du modèle.

```
test_results = trainer.evaluate(test_dataset)
print("Résultats sur l'ensemble de test:",
test_results)
```

2.2.5 Sauvegarder et charger le modèle fine-tuné :

Après avoir fine-tuné le modèle, vous pouvez le sauvegarder et le charger pour une utilisation ultérieure dans des applications ou pour continuer l'entraînement.

```
model.save_pretrained("./fine_tuned_model")
tokenizer.save_pretrained("./fine_tuned_model")

# Charger le modèle et le tokenizer fine-tunés
loaded_model =
AutoModelForSequenceClassification.from_pretrained("./
fine_tuned_model")
loaded_tokenizer =
AutoTokenizer.from_pretrained("./fine_tuned_model")
```

En résumé, le fine-tuning des modèles pré-entraînés de Hugging Face consiste à adapter ces modèles à des tâches spécifiques en ajustant légèrement les poids du modèle pré-entraîné. Les étapes clés incluent le chargement d'un modèle et d'un tokenizer pré-entraînés, la préparation des données, la configuration de l'entraînement, l'exécution du fine-tuning et l'évaluation, et enfin la sauvegarde et le chargement du modèle fine-tuné.

2.3 Création et entraînement de modèles personnalisés avec Transformers

Dans certains cas, vous souhaiterez peut-être créer et entraîner un modèle personnalisé à l'aide de la bibliothèque Transformers de Hugging Face. Cela peut être dû à des besoins spécifiques pour votre tâche ou à l'absence de modèles pré-entraînés adaptés. Dans cette section, nous expliquerons comment créer et entraîner des modèles personnalisés avec Transformers.

2.3.1 Création d'un modèle personnalisé :

Pour créer un modèle personnalisé, vous devrez d'abord définir une nouvelle classe de modèle en héritant d'une des classes de base fournies par Transformers, telles que PreTrainedModel pour PyTorch ou TFPreTrainedModel pour TensorFlow. Ensuite, vous devez implémenter les méthodes et les couches nécessaires pour votre modèle spécifique. Voici un exemple simple d'un modèle personnalisé basé sur PyTorch :

```
import torch.nn as nn
from transformers import PreTrainedModel,
PretrainedConfig

class CustomModelConfig(PretrainedConfig):
```

```python
    def __init__(self, vocab_size, hidden_size,
**kwargs):
        super().__init__(**kwargs)
        self.vocab_size = vocab_size
        self.hidden_size = hidden_size

class CustomModel(PreTrainedModel):
    config_class = CustomModelConfig

    def __init__(self, config):
        super().__init__(config)
        self.embedding =
nn.Embedding(config.vocab_size, config.hidden_size)
        self.lstm = nn.LSTM(config.hidden_size,
config.hidden_size, batch_first=True)
        self.classifier =
nn.Linear(config.hidden_size, config.vocab_size)

    def forward(self, input_ids):
        x = self.embedding(input_ids)
        x, _ = self.lstm(x)
        x = self.classifier(x)
        return x
```

2.3.2 Entraînement du modèle personnalisé :

Une fois que vous avez défini votre modèle personnalisé, vous pouvez l'entraîner en suivant des étapes similaires à celles décrites dans la section sur le fine-tuning des modèles pré-entraînés. Vous devrez préparer les données, configurer les paramètres d'entraînement et utiliser un objet Trainer ou TFTrainer pour entraîner le modèle.

```python
from transformers import TrainingArguments,
Trainer

# Instancier le modèle et le tokenizer
config =
CustomModelConfig(vocab_size=len(tokenizer),
hidden_size=256)
model = CustomModel(config)

# Configurer les arguments d'entraînement
training_args = TrainingArguments(
    output_dir="./custom_model_results",
    num_train_epochs=3,
    per_device_train_batch_size=16,
    per_device_eval_batch_size=16,
    learning_rate=2e-5,
    logging_dir="./custom_model_logs",
)

# Créer un Trainer
trainer = Trainer(
    model=model,
    args=training_args,
    train_dataset=train_dataset,
    eval_dataset=val_dataset,
)

# Entraîner le modèle
trainer.train()
```

Évaluation et utilisation du modèle personnalisé : Après avoir entraîné votre modèle personnalisé, vous pouvez l'évaluer sur l'ensemble de test, le sauvegarder, le charger et l'utiliser pour effectuer des prédictions ou effectuer d'autres tâches.

En résumé, la création et l'entraînement de modèles personnalisés avec Transformers impliquent de définir une nouvelle classe de modèle héritant d'une des classes de base fournies par la bibliothèque, puis d'implémenter les méthodes et les couches spécifiques à votre modèle. Une fois que vous avez créé votre modèle personnalisé, vous pouvez l'entraîner en suivant des étapes similaires à celles du fine-tuning des modèles pré-entraînés, en préparant les données et en utilisant un objet Trainer ou TFTrainer. Enfin, vous pouvez évaluer, sauvegarder, charger et utiliser votre modèle personnalisé pour effectuer des prédictions ou accomplir d'autres tâches.

2.4 Optimisation et évaluation des performances des modèles

Pour garantir que votre modèle fonctionne efficacement et obtient les meilleurs résultats possibles, il est essentiel d'optimiser et d'évaluer ses performances. Dans cette section, nous aborderons les principaux aspects de l'optimisation et de l'évaluation des performances des modèles dans le cadre de l'utilisation de la bibliothèque Transformers.

2.4.1 Optimisation des performances :

Pour améliorer les performances d'un modèle, vous pouvez ajuster les hyperparamètres (on approfondira plus loin) tels que le taux d'apprentissage, la taille du lot et le nombre d'époques d'entraînement. La recherche d'hyperparamètres, parfois appelée "tuning", peut être réalisée en utilisant des techniques comme la recherche par grille, la recherche aléatoire ou l'optimisation bayésienne.

De plus, vous pouvez utiliser des optimiseurs et des planificateurs de taux d'apprentissage spécifiques pour améliorer la convergence du modèle. Par exemple, l'optimiseur AdamW et le planificateur de taux d'apprentissage get_linear_schedule_with_warmup sont couramment utilisés avec les modèles Transformers.

2.4.2 Utilisation de CUDA et Accelerate :

Pour accélérer l'entraînement et l'inférence, il est recommandé d'utiliser des GPU NVIDIA avec le framework CUDA. Transformers détecte automatiquement la disponibilité de GPU CUDA et utilise le GPU pour les calculs si possible. Si vous disposez de plusieurs GPU, vous pouvez également utiliser le parallélisme des données pour répartir le traitement sur plusieurs GPU. La bibliothèque Accelerate de Hugging Face fournit une interface unifiée pour l'utilisation de plusieurs frameworks d'accélération matérielle tels que CUDA, Apple's ML Compute et d'autres.

Utilisation de CUDA avec PyTorch :

```
import torch

# Vérifier si CUDA est disponible
if torch.cuda.is_available():
    device = torch.device("cuda")
    print("Utilisation du GPU:",
torch.cuda.get_device_name(0))
else:
    device = torch.device("cpu")
    print("Utilisation du CPU")

# Créer un tenseur et le transférer sur le GPU
tensor = torch.randn(2, 2) # juste un exemple
tensor = tensor.to(device)

# Vérifier si le tenseur est sur le GPU
print("Tenseur sur le GPU:", tensor.device.type
== "cuda")
```

Utilisation de la bibliothèque Accelerate :

Pour utiliser la bibliothèque Accelerate, commencez par l'installer :

```
pip install accelerate
```

Ensuite, créez un fichier de configuration pour définir les paramètres d'accélération. Ce fichier peut être généré automatiquement en exécutant la commande accelerate config dans votre terminal. Vous pouvez choisir entre différentes options d'accélération telles que l'utilisation de GPU CUDA, TPU, CPU, etc.

Après avoir configuré Accelerate, modifiez votre script d'entraînement pour utiliser le Trainer d'Accelerate plutôt que le Trainer standard de Transformers. Voici un exemple :

```
from accelerate import Accelerator
from transformers import
BertForSequenceClassification, BertTokenizer,
TrainingArguments, Trainer
from datasets import load_dataset

# Charger le dataset
dataset = load_dataset("glue", "mrpc")
train_dataset = dataset["train"]

# Initialiser l'accélérateur
accelerator = Accelerator()

# Charger le modèle et le tokenizer
model =
BertForSequenceClassification.from_pretrained("be
rt-base-uncased")
tokenizer = BertTokenizer.from_pretrained("bert-
base-uncased")

# Créer les arguments d'entraînement
training_args = TrainingArguments(
    output_dir="output",
    per_device_train_batch_size=8,
    num_train_epochs=3,
```

```
    logging_dir="logs",
)

# Créer le Trainer d'Accelerate
trainer = Trainer(
    model=model,
    args=training_args,
    train_dataset=train_dataset,
    tokenizer=tokenizer,
    accelerator=accelerator,   # Utiliser
l'accélérateur ici
)

# Entraîner le modèle
trainer.train()
```

Dans cet exemple, la bibliothèque Accelerate détecte automatiquement la configuration définie dans le fichier de configuration et utilise la méthode d'accélération appropriée (GPU CUDA, TPU, CPU, etc.) lors de l'entraînement du modèle.

2.4.3 Évaluation des performances :

Pour évaluer les performances de votre modèle, vous devez le tester sur un ensemble de données de test ou de validation indépendant. Le Trainer de Transformers facilite cette évaluation en fournissant la méthode evaluate(). Cette méthode calcule les métriques de performance spécifiées lors de la création de l'objet Trainer.

Il est important de choisir les bonnes métriques pour évaluer les performances de votre modèle. Les métriques couramment utilisées incluent la précision, le rappel, le score F1, l'AUC-ROC et la perte. Le choix des métriques dépend de la tâche et des objectifs spécifiques de votre modèle. Pour ajouter des métriques personnalisées, vous pouvez utiliser le package datasets de Hugging Face, qui offre une interface facile pour définir et calculer des métriques personnalisées.

En résumé, l'optimisation et l'évaluation des performances des modèles sont des étapes cruciales pour garantir que votre modèle atteint les meilleurs résultats possibles. Vous pouvez ajuster les hyperparamètres, utiliser des optimiseurs et des planificateurs de taux d'apprentissage spécifiques, exploiter CUDA et Accelerate pour accélérer l'entraînement et l'inférence, et choisir les bonnes métriques pour évaluer les performances de votre modèle.

2.5 Sélection des hyperparamètres

La sélection des hyperparamètres est une étape cruciale pour optimiser les performances de votre modèle. Les hyperparamètres sont des paramètres qui ne sont pas appris pendant l'entraînement, mais qui sont fixés à l'avance. Ils incluent des éléments tels que le taux d'apprentissage, la taille du lot, le nombre d'époques, la régularisation, etc. Dans cette section, nous aborderons plusieurs méthodes pour sélectionner les hyperparamètres et donnerons des exemples en Python.

2.5.1 Recherche par grille :

La recherche par grille consiste à définir une liste de valeurs possibles pour chaque hyperparamètre et à tester toutes les combinaisons possibles. Cette méthode est simple à mettre en œuvre, mais peut être très coûteuse en termes de temps et de ressources. Voici un exemple en utilisant GridSearchCV de la bibliothèque scikit-learn :

```python
from sklearn.model_selection import GridSearchCV
from transformers import
BertForSequenceClassification, BertTokenizer,
TrainingArguments, Trainer
from datasets import load_dataset

# Charger le dataset
dataset = load_dataset("glue", "mrpc")
train_dataset = dataset["train"]

# Charger le modèle et le tokenizer
model =
BertForSequenceClassification.from_pretrained("be
rt-base-uncased")
tokenizer = BertTokenizer.from_pretrained("bert-
base-uncased")

# Définir les hyperparamètres à rechercher
param_grid = {
    "learning_rate": [1e-5, 3e-5, 1e-4],
    "per_device_train_batch_size": [8, 16, 32],
    "num_train_epochs": [2, 3, 4],
}
```

```
# Créer les arguments d'entraînement
training_args = TrainingArguments(
    output_dir="output",
    logging_dir="logs",
)

# Créer le Trainer
trainer = Trainer(
    model=model,
    args=training_args,
    train_dataset=train_dataset,
    tokenizer=tokenizer,
)

# Effectuer la recherche par grille
grid_search = GridSearchCV(trainer, param_grid,
scoring="accuracy")
grid_search.fit(train_dataset)
best_params = grid_search.best_params_

print("Meilleurs hyperparamètres:", best_params)
```

2.5.2 Recherche aléatoire :

La recherche aléatoire consiste à choisir un nombre fixe de combinaisons d'hyperparamètres à tester de manière aléatoire. Cette méthode est généralement plus rapide que la recherche par grille et peut donner de bons résultats. Voici un exemple en utilisant RandomizedSearchCV de scikit-learn :

```python
from sklearn.model_selection import
RandomizedSearchCV
from transformers import
BertForSequenceClassification, BertTokenizer,
TrainingArguments, Trainer
from datasets import load_dataset

# Charger le dataset
dataset = load_dataset("glue", "mrpc")
train_dataset = dataset["train"]

# Charger le modèle et le tokenizer
model =
BertForSequenceClassification.from_pretrained("be
rt-base-uncased")
tokenizer = BertTokenizer.from_pretrained("bert-
base-uncased")

# Définir les distributions d'hyperparamètres à
rechercher
param_distributions = {
    "learning_rate": [1e-5, 3e-5, 1e-4],
    "per_device_train_batch_size": [8, 16, 32],
    "num_train_epochs": [2, 3, 4],
}

# Créer les arguments d'entraînement
training_args = TrainingArguments(
    output_dir="output",
    logging_dir="logs",
)

# Créer le Trainer
```

```
trainer = Trainer(
    model=model,
    args=training_args,
    train_dataset=train_dataset,
    tokenizer=tokenizer,
)

# Effectuer la recherche aléatoire
random_search = RandomizedSearchCV(trainer,
param_distributions, n_iter=10,
scoring="accuracy")
random_search.fit(train_dataset)
best_params = random_search.best_params_

print("Meilleurs hyperparamètres:", best_params)
```

Dans cet exemple, nous utilisons RandomizedSearchCV pour effectuer une recherche aléatoire sur les hyperparamètres. Nous définissons les distributions d'hyperparamètres à rechercher et spécifions le nombre d'itérations à effectuer (ici, 10). La recherche aléatoire teste un ensemble aléatoire de combinaisons d'hyperparamètres et renvoie les meilleurs hyperparamètres trouvés.

Chapitre 3 : Utilisation

Introduction

1. Recherche de modèles
2. Utilisation d'un modèle
3. Recherche de datasets

3.1 Recherche de modèles

Hugging Face propose une large gamme de modèles pré-entraînés pour diverses tâches de traitement du langage naturel et de vision par ordinateur. Pour faciliter la recherche de modèles qui répondent à vos besoins, Hugging Face offre une API Python pour effectuer des recherches sur son hub de modèles. Dans ce paragraphe, nous expliquerons comment utiliser cette API pour rechercher des modèles en fonction de différents critères.

Tout d'abord, installez la bibliothèque huggingface_hub si vous ne l'avez pas déjà fait :

```
pip install huggingface_hub
```

Ensuite, importez le module huggingface_hub :

```
from huggingface_hub import HfApi
```

Créez une instance de l'API Hugging Face :

```
api = HfApi()
```

Voici quelques exemples de recherche de modèles en fonction de différents critères :

3.1.1 Recherche par mot-clé :

```python
keyword = "gpt-2"
models = api.list_models(filter=keyword)

for model in models:
    print(model.model_id)
```

3.1.2 Recherche par tâche :

```python
task = "text-classification"
models = api.list_models(task=task)

for model in models:
    print(model.model_id)
```

3.1.3 Recherche par langue :

```python
language = "fr"
models = api.list_models(language=language)

for model in models:
    print(model.model_id)
```

3.1.4 Combinaison de critères de recherche :

```python
keyword = "bert"
task = "text-classification"
language = "en"
models     =     api.list_models(filter=keyword,
task=task, language=language)

for model in models:
    print(model.model_id)
```

Ces exemples montrent comment utiliser l'API Hugging Face pour rechercher des modèles en fonction de mots-clés, de tâches ou de langues spécifiques. Vous pouvez combiner ces critères pour affiner encore davantage votre recherche. Une fois que vous avez trouvé un modèle qui répond à vos besoins, vous pouvez le charger en utilisant la bibliothèque Transformers, comme suit :

```
from transformers import AutoModel, AutoTokenizer

model_name = "bert-base-uncased"
model = AutoModel.from_pretrained(model_name)
tokenizer =
AutoTokenizer.from_pretrained(model_name)
```

Maintenant, vous êtes prêt à utiliser le modèle et le tokenizer pour vos tâches de traitement du langage naturel.

Vous pouvez également accéder à l'API Hugging Face en utilisant les points de terminaison d'URL et la bibliothèque requests pour effectuer des recherches de modèles. Voici comment procéder.

Tout d'abord, installez la bibliothèque requests si vous ne l'avez pas déjà fait :

```
pip install requests
```

Ensuite, importez la bibliothèque requests :

```
import requests
```

L'API Hugging Face expose plusieurs points de terminaison (endpoints) pour effectuer des recherches de modèles. Vous pouvez les utiliser en envoyant des requêtes GET avec les paramètres appropriés. Voici quelques exemples :

Recherche par mot-clé :

```python
keyword = "gpt-2"
url = f"https://huggingface.co/api/models?
filter={keyword}"
response = requests.get(url)
models = response.json()

for model in models:
    print(model["modelId"])
```

Recherche par tâche :

```python
task = "text-classification"
url = f"https://huggingface.co/api/models?
task={task}"
response = requests.get(url)
models = response.json()

for model in models:
    print(model["modelId"])
```

Recherche par langue :

```
language = "fr"
url = f"https://huggingface.co/api/models?
language={language}"
response = requests.get(url)
models = response.json()

for model in models:
    print(model["modelId"])
```

Combinaison de critères de recherche :

```
keyword = "bert"
task = "text-classification"
language = "en"
url = f"https://huggingface.co/api/models?
filter={keyword}&task={task}&language={language}"
response = requests.get(url)
models = response.json()

for model in models:
    print(model["modelId"])
```

Ces exemples montrent comment utiliser les points de terminaison d'URL de l'API Hugging Face avec la bibliothèque requests pour effectuer des recherches de modèles en fonction de mots-clés, de tâches ou de langues spécifiques. Vous pouvez combiner ces critères pour affiner encore davantage votre recherche.

Une fois que vous avez trouvé un modèle qui répond à vos besoins, vous pouvez le charger en utilisant la bibliothèque Transformers, comme suit :

```
from transformers import AutoModel, AutoTokenizer

model_name = "bert-base-uncased"
model = AutoModel.from_pretrained(model_name)
tokenizer =
AutoTokenizer.from_pretrained(model_name)
```

Maintenant, vous êtes prêt à utiliser le modèle et le tokenizer pour vos tâches de traitement du langage naturel.

3.2 Utilisation d'un modèle

Une fois que vous avez trouvé et chargé un modèle adapté à vos besoins, vous pouvez l'utiliser pour réaliser différentes tâches. Dans ce paragraphe, nous allons expliquer comment utiliser un modèle de classification d'images sans étiquettes (Zero-Shot Image Classification) pour prédire la classe d'une image.

La classification d'images sans étiquettes repose sur un modèle appelé CLIP (Contrastive Language-Image Pretraining), qui a été développé par OpenAI. CLIP est un modèle pré-entraîné qui apprend à associer des images et du texte. Il peut être utilisé pour des tâches telles que la classification d'images sans étiquettes en générant des embeddings pour le texte et les images, puis en comparant leur similarité.

Dans cet exemple, nous utiliserons le modèle clip-vit-base-patch32 avec la bibliothèque Transformers et Pillow (Python Imaging Library) pour traiter les images. Tout d'abord, installez les bibliothèques nécessaires si vous ne l'avez pas déjà fait :

```
pip install transformers
pip install pillow
```

Ensuite, importez les bibliothèques nécessaires et chargez le modèle CLIPModel et le CLIPProcessor :

```
from PIL import Image
from transformers import CLIPProcessor, CLIPModel

model_name = "openai/clip-vit-base-patch32"
model = CLIPModel.from_pretrained(model_name)
processor =
CLIPProcessor.from_pretrained(model_name)
```

CLIPModel est la classe qui encapsule le modèle CLIP, et CLIPProcessor est une classe utilitaire qui facilite la préparation des données pour le modèle. Le processor s'occupe de transformer les images et le texte en entrées compatibles avec le modèle.

Maintenant, chargez une image et préparez-la pour le modèle en utilisant le processor :

```
image_path = "path/to/your/image.jpg"
image = Image.open(image_path)

# Redimensionnez l'image et convertissez-la en
tenseur
inputs = processor(images=image,
return_tensors="pt", padding=True)
```

Définissez les classes potentielles pour la classification :

```
candidate_labels = ["cat", "dog", "bird"]
```

Encodez les étiquettes de texte en utilisant le processor et calculez les scores (logits) de similarité entre l'image et les étiquettes :

```
labels_tensor =
processor.text_to_tensor(candidate_labels)
logits_per_image = model(inputs.image,
labels_tensor)
```

logits_per_image est un tenseur qui contient les scores (logits) de similarité entre l'image et les étiquettes textuelles. Ces scores sont ensuite convertis en probabilités à l'aide de la fonction Softmax :

```
probs = logits_per_image.softmax(dim=1)
```

Obtenez les résultats et affichez les prédictions :

```
import numpy as np
results = probs.detach().numpy()
for i, label in enumerate(candidate_labels):
    print(f"{label}: {results[0][i]:.2f}")
```

Dans cet exemple, nous avons utilisé un modèle de classification d'images sans étiquettes pour prédire la classe d'une image en fonction de trois classes candidates. Vous pouvez adapter cet exemple pour d'autres tâches et modèles en fonction de vos besoins.

Le CLIPModel est un modèle pré-entraîné qui permet de générer des embeddings pour les images et les textes, tandis que le CLIPProcessor est un outil qui facilite la préparation des données pour le modèle en transformant les images et les textes en entrées compatibles. Les logits, représentés par la variable logits_per_image, sont les scores de similarité bruts entre l'image et les étiquettes textuelles.

En résumé, l'utilisation d'un modèle pré-entraîné avec Hugging Face et Python est simple et rapide. Il suffit de charger le modèle et le processeur, de préparer les données et d'exécuter le modèle pour obtenir les résultats. Vous pouvez adapter cet exemple à d'autres tâches et modèles en fonction de vos besoins spécifiques.

3.3 Recherche de datasets

Tout comme pour la recherche de modèles, Hugging Face fournit également un moyen simple de rechercher et d'accéder à une grande variété de datasets. Ces datasets peuvent être utilisés pour entraîner, évaluer et améliorer vos modèles d'intelligence artificielle. Dans cette section, nous allons expliquer comment rechercher des datasets en utilisant l'API Python de Hugging Face.

La bibliothèque datasets de Hugging Face est un outil pratique pour accéder et manipuler divers datasets. Pour commencer, installez la bibliothèque datasets si vous ne l'avez pas déjà fait :

```
pip install datasets
```

Ensuite, importez la bibliothèque et utilisez la fonction list_datasets pour obtenir la liste de tous les datasets disponibles :

```
from datasets import list_datasets

datasets_list = list_datasets()
print(f"Total datasets: {len(datasets_list)}")
print("Some datasets:")
print(datasets_list[:10])
```

Vous pouvez également rechercher des datasets spécifiques en utilisant la fonction search_datasets :

```
from datasets import search_datasets
query = "sentiment analysis"
results = search_datasets(query)

print(f"Datasets for '{query}':")
for dataset in results:
    print(f"- {dataset}")
```

L'API Hugging Face peut également être utilisée directement via des requêtes HTTP pour rechercher des datasets. Pour ce faire, vous aurez besoin de la bibliothèque requests. Installez-la si vous ne l'avez pas déjà fait.

Utilisez ensuite la bibliothèque requests pour interroger l'API de Hugging Face et rechercher des datasets selon différents critères :

```
import requests

api_url =
"https://huggingface.co/api/datasets/search"
query = "sentiment analysis"
params = {"q": query, "page": 1}
```

```python
response = requests.get(api_url, params=params)
results = response.json()

print(f"Datasets for '{query}':")
for dataset in results["results"]:
    print(f"- {dataset['id']}")
```

Une fois que vous avez trouvé un dataset d'intérêt, vous pouvez le charger en utilisant la fonction load_dataset :

```python
from datasets import load_dataset

dataset_name = "sst"
dataset = load_dataset(dataset_name)
print(f"Dataset: {dataset_name}")
print(f"Train samples: {len(dataset['train'])}")
```

Dans cet exemple, nous avons utilisé l'API Python de Hugging Face et des requêtes HTTP pour rechercher et accéder à des datasets. La bibliothèque datasets facilite grandement la manipulation et l'utilisation de datasets pour entraîner et évaluer vos modèles d'intelligence artificielle.

Chapitre 4 : Les Spaces

Introduction

1. Parcourir les Spaces
2. Créer un Space

4.1 Parcourir les Spaces

Hugging Face Spaces est une plateforme qui permet aux développeurs et aux chercheurs de créer, déployer et partager facilement leurs modèles d'intelligence artificielle, applications et démonstrations. Cette plateforme est basée sur la technologie Jupyter Notebook et offre un environnement interactif pour tester, explorer et comprendre les modèles d'IA. Dans cette section, nous allons expliquer comment parcourir et interagir avec les Spaces disponibles sur Hugging Face.

Pour commencer, rendez-vous sur la page d'accueil des Spaces Hugging Face à l'adresse suivante : https://huggingface.co/spaces. Sur cette page, vous trouverez une liste des Spaces mis en avant et des Spaces récemment créés. Vous pouvez parcourir ces Spaces pour découvrir différentes applications et démonstrations liées à l'IA.

Sur la page d'accueil des Spaces, vous pouvez également utiliser la barre de recherche pour trouver des Spaces spécifiques en fonction de vos centres d'intérêt. Entrez simplement les mots-clés pertinents dans la barre de recherche, et la plateforme affichera une liste de Spaces correspondants.

En cliquant sur un Space qui vous intéresse, vous serez dirigé vers la page dédiée à ce Space. Sur cette page, vous trouverez des informations détaillées sur le Space, telles que le nom de l'auteur, la date de création, la description, les éventuelles licences et les liens vers la documentation ou le code source. Vous pouvez également interagir avec le Space en l'essayant directement dans votre navigateur, en posant des questions à l'auteur ou en laissant des commentaires sur la page.

Certaines applications dans les Spaces peuvent nécessiter des clés d'API ou des autorisations pour accéder à des services tiers ou aux modèles de Hugging Face. Si c'est le cas, assurez-vous de fournir les informations nécessaires pour utiliser le Space correctement.

Voici comment parcourir les Spaces avec l'API Hugging Face en Python.

Tout d'abord, vous aurez besoin de la bibliothèque requests pour effectuer des requêtes HTTP. Installez-la si vous ne l'avez pas déjà fait.

Ensuite, utilisez la bibliothèque requests pour interroger l'API de Hugging Face et parcourir les Spaces en fonction de différents critères. L'API des Spaces est accessible via l'URL suivante : "https://huggingface.co/api/spaces"

```python
import requests
api_url = "https://huggingface.co/api/spaces"
params = {"page": 1, "limit": 10}
response = requests.get(api_url, params=params)
results = response.json()
print("Spaces:")
for space in results["results"]:
    print(f"- {space['name']}: {space['title']}")
```

Vous pouvez également rechercher des Spaces spécifiques en ajoutant des mots-clés à la requête. Par exemple, pour rechercher des Spaces liés à la "traduction", vous pouvez utiliser le code suivant :

```
api_url = "https://huggingface.co/api/spaces"
query = "translation"
params = {"q": query, "page": 1, "limit": 10}

response = requests.get(api_url, params=params)
results = response.json()

print(f"Spaces for '{query}':")
for space in results["results"]:
    print(f"- {space['name']}: {space['title']}")
```

En utilisant l'API Hugging Face, vous pouvez parcourir et découvrir les Spaces en fonction de vos critères et centres d'intérêt. Cette méthode vous permet d'accéder aux Spaces directement depuis votre code Python et de les intégrer éventuellement dans vos propres projets ou applications.

4.2 Créer un Space

Créer un Space sur Hugging Face est un excellent moyen de partager vos modèles d'intelligence artificielle, applications et démonstrations avec la communauté. Dans cette section, nous

77

expliquerons comment créer un Space et fournirons quelques exemples pour vous aider à démarrer.

Pour créer un Space, commencez par vous connecter à votre compte Hugging Face ou créez-en un si vous n'en avez pas déjà. Ensuite, rendez-vous sur la page d'accueil des Spaces à l'adresse suivante : https://huggingface.co/spaces. Cliquez sur le bouton "New Space" en haut à droite de la page.

Vous serez alors dirigé vers la page de création de Space, où vous pourrez choisir le type de Space que vous souhaitez créer. Hugging Face Spaces prend en charge les environnements Jupyter Notebook, Streamlit et FastAPI. Sélectionnez le type de Space qui correspond le mieux à votre application ou démonstration.

Après avoir choisi le type de Space, vous devrez donner un nom à votre Space et fournir une brève description. Le nom doit être unique et refléter l'objectif ou la fonctionnalité de votre Space. La description aidera les autres utilisateurs à comprendre l'objectif et les fonctionnalités de votre Space.

Une fois que vous avez entré ces informations, cliquez sur "Create" pour créer votre Space. Vous serez alors dirigé vers l'interface de développement de votre Space, où vous pourrez écrire du code, ajouter des fichiers et créer des dépendances. L'interface variera en fonction du type de Space que vous avez choisi (Jupyter Notebook, Streamlit ou FastAPI).

Voici quelques exemples de Spaces que vous pouvez créer :

Jupyter Notebook: Un Space basé sur un Jupyter Notebook est idéal pour les tutoriels, les démonstrations interactives et les expérimentations de modèles. Vous pouvez écrire du code Python, inclure des visualisations et ajouter du texte pour expliquer les concepts.

Streamlit: Streamlit est une bibliothèque Python qui permet de créer facilement des applications web interactives. Vous pouvez utiliser Streamlit pour créer des interfaces utilisateur pour vos modèles d'IA, afficher des visualisations de données et permettre aux utilisateurs d'interagir avec votre modèle en ajustant les paramètres.

FastAPI: FastAPI est un framework Python moderne et rapide pour créer des API. Si vous souhaitez créer une API pour votre modèle d'IA, FastAPI est un excellent choix. Les Spaces FastAPI vous permettent de déployer et de gérer facilement des services RESTful pour vos modèles.

N'oubliez pas de sauvegarder régulièrement votre travail dans votre Space en cliquant sur le bouton "Save" en haut à droite de l'interface de développement.

En résumé, créer un Space sur Hugging Face est un moyen efficace de partager et de présenter vos projets d'IA à la communauté. En fonction de vos besoins, vous pouvez choisir parmi différents types de Spaces et personnaliser l'apparence et les fonctionnalités de votre Space.

Chapitre 5 : Aller plus loin

Introduction

1. Les Pipelines
2. Entrainer un Tokenizer
3. Le Pruning
4. AutoTrain

5.1 Les Pipelines

Les pipelines sont une fonctionnalité puissante et pratique offerte par la bibliothèque Transformers de Hugging Face. Elles permettent d'exécuter rapidement et simplement des tâches courantes de traitement du langage naturel (NLP) et de vision par ordinateur, sans avoir à configurer manuellement les modèles, les tokenizers et les processus de prétraitement et post-traitement des données. Les pipelines encapsulent l'ensemble du processus, allant de l'entrée brute à la sortie finale, en une seule ligne de code.

Les pipelines sont particulièrement utiles pour les développeurs qui souhaitent utiliser des modèles pré-entraînés pour des tâches spécifiques sans se plonger dans les détails techniques de la configuration et de l'entraînement des modèles. Grâce aux pipelines, vous pouvez tirer parti des connaissances déjà acquises par les modèles pré-entraînés et les adapter rapidement à vos besoins.

Voici quelques exemples de pipelines disponibles dans la bibliothèque Transformers :

- Analyse de sentiments: Cette pipeline évalue si un texte donné a une connotation positive ou négative.

- Résumé de texte: Cette pipeline génère un résumé concis d'un texte plus long.

- Réponse à des questions: Cette pipeline extrait la réponse à une question spécifique à partir d'un contexte donné.

- Traduction: Cette pipeline traduit un texte dans une autre langue.

- Remplissage de masque: Cette pipeline remplit un masque dans un texte avec les mots les plus probables.

Pour utiliser les pipelines, vous devez d'abord les importer et les instancier. Voici un exemple en Python pour l'analyse de sentiments :

```python
from transformers import pipeline

sentiment_analysis = pipeline("sentiment-analysis")
result = sentiment_analysis("J'adore ce produit !")
print(result)
```

Dans cet exemple, nous importons la fonction pipeline et instancions une pipeline d'analyse de sentiments. Ensuite, nous utilisons la pipeline pour analyser un texte et obtenons un résultat sous la forme d'une liste de dictionnaires contenant les étiquettes et les scores de confiance.

Vous pouvez également utiliser des modèles et des tokenizers spécifiques avec les pipelines. Par exemple, pour utiliser un modèle de traduction particulier, vous pouvez faire ce qui suit :

```
from transformers import pipeline

translation = pipeline("translation",
model="Helsinki-NLP/opus-mt-fr-en")
result = translation("Bonjour le monde",
max_length=40)
print(result[0]['translation_text'])
```

Dans cet exemple, nous instancions une pipeline de traduction en utilisant un modèle spécifique pour la traduction du français vers l'anglais. Nous utilisons ensuite la pipeline pour traduire un texte, en limitant la longueur maximale de la traduction à 40 tokens.

En résumé, les pipelines sont un outil précieux pour simplifier l'utilisation des modèles pré-entraînés dans la bibliothèque Transformers de Hugging Face. Elles encapsulent les étapes de prétraitement et post-traitement, permettant aux développeurs de se concentrer sur les tâches de haut niveau sans se préoccuper des détails techniques.

5.2 Entraîner un Tokenizer

L'entraînement d'un tokenizer est une étape importante pour préparer vos données avant de les utiliser avec un modèle de traitement du langage naturel (NLP). Un tokenizer permet de convertir les données textuelles en séquences de tokens, qui sont ensuite utilisées pour alimenter le modèle. En entraînant un tokenizer sur votre propre jeu de données, vous pouvez garantir qu'il sera capable de gérer les spécificités linguistiques et les éventuelles variations présentes dans vos données.

Pour entraîner un tokenizer avec la bibliothèque Tokenizers de Hugging Face, vous devez d'abord installer la bibliothèque :

```
pip install tokenizers
```

Ensuite, importez les classes nécessaires et préparez votre jeu de données. Dans cet exemple, nous allons entraîner un tokenizer Byte-Pair Encoding (BPE)* sur un petit jeu de données fictif :

```
from tokenizers import Tokenizer, trainers,
pre_tokenizers, decoders, processors
from tokenizers.models import BPE

# Création d'un fichier texte de données
d'entraînement fictives
data = ["ChatGPT est un modèle de langage
puissant.",
```

```
        "Le GPT-4 est basé sur l'architecture
Transformer.",
        "La bibliothèque Hugging Face est
utilisée pour travailler avec des modèles de
NLP."]

with open("training_data.txt", "w",
encoding="utf-8") as f:
    for line in data:
        f.write(line + "\n")
```

Maintenant que nous avons notre jeu de données d'entraînement,
nous pouvons créer et configurer notre tokenizer BPE :

```
# Créer un modèle BPE
model = BPE()

# Créer et configurer le tokenizer
tokenizer = Tokenizer(model)
tokenizer.pre_tokenizer =
pre_tokenizers.Whitespace()
tokenizer.decoder = decoders.BPEDecoder()
tokenizer.post_processor =
processors.TemplateProcessing(
    single="[CLS] $A [SEP]",
    pair="[CLS] $A [SEP] $B:1 [SEP]:1",
    special_tokens=[
        ("[CLS]", 1),
        ("[SEP]", 2),
    ],
)
```

Dans cet exemple, nous avons créé un modèle BPE et l'avons utilisé pour configurer un tokenizer. Nous avons également défini un pré-tokenizer pour diviser les textes en mots, un décodeur pour convertir les tokens en texte et un post-processeur pour ajouter des tokens spéciaux (tels que [CLS] et [SEP]) nécessaires pour certains modèles de NLP.

Les tokens spéciaux sont des symboles particuliers utilisés dans le traitement du langage naturel (NLP) pour indiquer des informations spécifiques ou pour délimiter différentes parties du texte. Ils sont généralement encodés de manière unique pour éviter toute confusion avec les autres tokens du texte. Voici quelques exemples de tokens spéciaux couramment utilisés et leur signification :

[CLS] : Ce token est utilisé pour marquer le début d'un texte ou d'une phrase dans certains modèles de NLP, comme BERT. Il sert souvent de point d'ancrage pour la représentation globale du texte, et les modèles peuvent être entraînés pour prédire des étiquettes de classification à partir de la représentation associée à ce token.

[SEP] : Ce token est utilisé pour séparer deux phrases ou segments de texte différents. Il est souvent employé dans des tâches telles que la réponse aux questions ou l'analyse de la relation entre deux phrases, où il est nécessaire de différencier les parties du texte.

[PAD] : Le token de padding (rembourrage) est utilisé pour compléter les séquences de tokens lorsque les textes sont de longueurs différentes. Les modèles de NLP traitent généralement les données par lots et ont besoin d'entrées de taille fixe. Le padding permet d'ajuster la longueur des séquences pour qu'elles correspondent à la taille maximale requise par le modèle.

[UNK] : Le token "unknown" (inconnu) est utilisé pour remplacer les mots qui ne figurent pas dans le vocabulaire du modèle. Lorsqu'un modèle rencontre un mot qu'il n'a pas appris pendant l'entraînement, il le remplace par le token [UNK] pour indiquer qu'il s'agit d'un mot inconnu.

[MASK] : Le token "mask" (masque) est utilisé dans certaines tâches de pré-entraînement, comme le "masked language modeling" (modélisation de langage masqué) utilisé pour entraîner BERT. Il remplace temporairement un mot dans le texte, et le modèle doit apprendre à prédire le mot original à partir du contexte.

En résumé, les tokens spéciaux sont des symboles importants utilisés pour transmettre des informations spécifiques ou pour délimiter différentes parties du texte dans le traitement du langage naturel. Ils jouent un rôle essentiel dans l'encodage, le décodage et la compréhension du texte par les modèles de NLP.

Ensuite, nous devons entraîner notre tokenizer sur le jeu de données d'entraînement :

```
# Entraîner le tokenizer
trainer =
trainers.BpeTrainer(special_tokens=["[CLS]",
"[SEP]", "[UNK]", "[PAD]"])
tokenizer.train(files=["training_data.txt"],
trainer=trainer)
```

Ici, nous avons instancié un entraîneur BPE avec les tokens spéciaux que nous voulons inclure dans notre vocabulaire. Puis, nous avons utilisé la méthode train pour entraîner notre tokenizer sur notre jeu de données.

Une fois le tokenizer entraîné, vous pouvez l'utiliser pour tokeniser vos textes :

```
# Tokeniser un texte
text = "Le GPT-4 est incroyable !"
tokens = tokenizer.encode(text)
print(tokens.ids)
```

Dans cet exemple, nous avons utilisé la méthode encode pour tokeniser notre texte en utilisant le tokenizer entraîné. Le résultat est une séquence de tokens que nous pouvons utiliser pour alimenter notre modèle de NLP.

N'oubliez pas de sauvegarder votre tokenizer entraîné pour pouvoir le réutiliser ultérieurement :

```
# Sauvegarder le tokenizer
tokenizer.save("my_custom_tokenizer.json")
```

En résumé, l'entraînement d'un tokenizer adapté à votre jeu de données est crucial pour garantir les meilleures performances possibles de votre modèle de NLP. Grâce à la bibliothèque Tokenizers de Hugging Face, vous pouvez créer, configurer et entraîner des tokenizers personnalisés pour répondre aux besoins spécifiques de vos projets.

Le Byte Pair Encoding (BPE) est une méthode de tokenisation qui permet de compresser et représenter des données textuelles de manière efficace. Il fonctionne en fusionnant les paires de caractères ou de bytes les plus fréquentes dans le texte pour créer de nouveaux "tokens" plus longs. Le processus est répété plusieurs fois jusqu'à ce qu'un certain nombre de tokens soient générés ou qu'un seuil d'itérations soit atteint.

Imaginons que nous ayons le texte suivant : "aaabdaaabac". Voici comment le BPE fonctionnerait pour tokeniser ce texte :

Tout d'abord, le texte est divisé en caractères individuels : a, a, a, b, d, a, a, a, b, a, c.

Ensuite, les paires de caractères les plus fréquentes sont identifiées et fusionnées pour créer de nouveaux tokens. Dans notre exemple, la paire la plus fréquente est "aa", qui apparaît trois fois. Nous fusionnons ces paires pour créer un nouveau token : Z. Le texte devient donc "ZabdaZbac".

Nous répétons le processus pour les paires les plus fréquentes dans le texte modifié. Ici, "Za" est la paire la plus fréquente, donc nous créons un nouveau token "Y" pour représenter "Za". Le texte devient "YbdYbc".

À ce stade, aucune paire n'apparaît plus d'une fois, donc le processus s'arrête. Le texte tokenisé est : "Y", "b", "d", "Y", "b", "c".

Le BPE est particulièrement utile pour traiter les mots rares ou les erreurs de frappe dans le texte, car il peut les décomposer en sous-mots ou en caractères plus fréquents. De plus, en fusionnant les paires les plus fréquentes, il crée une représentation plus compacte et efficace du texte, ce qui permet de réduire la taille du vocabulaire et d'améliorer les performances des modèles de NLP.

En résumé, le Byte Pair Encoding est une méthode de tokenisation qui fusionne les paires de caractères les plus fréquentes pour créer des tokens plus longs et plus informatifs. Il permet de traiter efficacement les mots rares et les erreurs de frappe, tout en réduisant la taille du vocabulaire pour améliorer les performances des modèles de NLP.

5.3 Le pruning

Le pruning, ou élagage en français, est une technique d'optimisation utilisée pour réduire la taille et la complexité des modèles de deep learning, en particulier les réseaux de neurones. Le but du pruning est de supprimer certains poids ou neurones du modèle, tout en maintenant autant que possible les performances d'origine. Cette technique permet de réduire les ressources matérielles nécessaires pour déployer et exécuter un modèle, ainsi que d'accélérer les temps d'inférence.

Les avantages du pruning sont les suivants :

Réduction de la taille du modèle : Un modèle élagué occupe moins d'espace de stockage et de mémoire, ce qui facilite son déploiement sur des appareils à ressources limitées, tels que les smartphones ou les microcontrôleurs.

Accélération de l'inférence : Un modèle élagué nécessite moins de calculs pour effectuer des prédictions, ce qui se traduit par des temps d'inférence plus rapides.

Réduction de la consommation d'énergie : Les modèles élagués consomment généralement moins d'énergie pour effectuer des prédictions, ce qui est important pour les appareils alimentés par batterie.

Il existe plusieurs types de pruning, dont voici quelques exemples :

5.3.1 Pruning des poids (Weight Pruning) :

Cette méthode consiste à supprimer les poids de faible valeur (proches de zéro) du modèle. En Python, vous pouvez utiliser des bibliothèques comme TensorFlow Model Optimization ou PyTorch Pruning pour appliquer cette technique. Exemple avec PyTorch :

```
import torch
import torch.nn as nn
from torch.nn.utils import prune

model = nn.Linear(10, 5)   # Un exemple de modèle
simple
prune.l1_unstructured(model, name="weight",
amount=0.5)   # Élagage de 50% des poids les plus
faibles
```

5.3.2 Pruning des neurones (Neuron Pruning) :

Cette méthode supprime des neurones entiers plutôt que des poids individuels. Elle est généralement appliquée en évaluant l'importance des neurones en fonction de critères spécifiques, tels que la norme L1 de leurs poids.

Exemple avec TensorFlow Model Optimization :

```
import tensorflow as tf
from tensorflow_model_optimization.sparsity
import keras as sparsity

# Un exemple de modèle Keras
model = tf.keras.Sequential([...])
pruning_params = {
    'pruning_schedule':
# Élagage de 50% des neurones
 sparsity.ConstantSparsity(0.5, 0)
}

pruned_model =
sparsity.prune_low_magnitude(model,
**pruning_params)   # Appliquer le pruning
```

5.3.3 Pruning structurel (Structured Pruning) :

Cette méthode élimine des structures entières du modèle, comme des filtres dans les couches de convolution ou des unités dans les couches entièrement connectées. Cela peut entraîner une réduction plus importante de la taille du modèle, mais peut aussi avoir un impact plus important sur les performances.

En résumé, le pruning est une technique d'optimisation qui permet de réduire la taille et la complexité des modèles de deep learning tout en maintenant leurs performances. Il existe plusieurs types de pruning, tels que le pruning des poids, des neurones ou des structures, chacun avec ses avantages et ses inconvénients. L'utilisation du pruning peut faciliter le déploiement des modèles sur des appareils à ressources limitées et accélérer les temps d'inférence, tout en réduisant la consommation d'énergie. En appliquant ces techniques de pruning, les praticiens de l'IA peuvent optimiser leurs modèles pour répondre aux contraintes spécifiques de leurs applications.

5.4 AutoTrain

AutoTrain est une fonctionnalité proposée par Hugging Face pour faciliter l'entraînement automatique et l'optimisation des modèles de traitement du langage naturel. Cette fonctionnalité est particulièrement utile pour les personnes qui souhaitent entraîner des modèles sans avoir à passer par un processus manuel et fastidieux de sélection des hyperparamètres et d'ajustement des modèles. Grâce à AutoTrain, les utilisateurs peuvent facilement trouver les meilleurs modèles et paramètres pour leurs tâches spécifiques en quelques lignes de code Python.

Pour utiliser AutoTrain, vous devez d'abord installer la bibliothèque Hugging Face Transformers si ce n'est pas déjà fait.

Ensuite, vous pouvez utiliser l'API AutoNLP de Hugging Face pour créer un projet, télécharger vos données d'entraînement et lancer le processus d'AutoTrain. Voici un exemple de code qui illustre comment utiliser AutoTrain pour entraîner un modèle de classification de texte :

```python
from transformers import AutoNLP

# Créez un compte sur Hugging Face et récupérez
votre clé d'API
api_key = "votre_clé_api"

# Initialisez AutoNLP avec votre clé d'API
auto_nlp = AutoNLP(api_key)

# Créez un nouveau projet
project =
auto_nlp.create_project(name="mon_projet",
task="text_classification")

# Téléchargez vos données d'entraînement (au
format CSV ou JSON)
project.upload_data("chemin/vers/votre/
fichier.csv")

# Lancez l'entraînement automatique
job = project.train()

# Suivez la progression de l'entraînement
job.wait()

# Récupérez le modèle entraîné
best_model = job.get_best_model()
```

Dans cet exemple, nous avons utilisé AutoTrain pour entraîner un modèle de classification de texte. Il existe de nombreuses autres tâches pour lesquelles AutoTrain peut être utilisé, comme la génération de texte, la traduction automatique, la réponse aux questions, etc. Pour chacune de ces tâches, vous devrez adapter le code ci-dessus en conséquence, en fournissant le nom de la tâche et les données d'entraînement appropriées.

En résumé, AutoTrain est une fonctionnalité puissante et flexible de Hugging Face qui permet de simplifier considérablement l'entraînement et l'optimisation des modèles de traitement du langage naturel. En exploitant cette fonctionnalité, les praticiens de l'IA peuvent gagner un temps précieux et se concentrer sur d'autres aspects importants de leurs projets.

Chapitre 6 : Créons une IA

6.1 Exemple pratique : création d'un chatbot

Dans ce paragraphe, je vais vous guider à travers les étapes nécessaires pour créer un chatbot simple en utilisant les modèles pré-entraînés et les pipelines de Hugging Face Transformers. Notre chatbot sera capable de comprendre les questions de l'utilisateur et d'y répondre de manière cohérente et informative.

Étape 1: Installer les bibliothèques nécessaires

Assurez-vous d'avoir installé la bibliothèque Transformers.

Étape 2: Charger le modèle pré-entraîné et le tokenizer

Nous utiliserons un modèle pré-entraîné de type GPT-2 pour notre chatbot. Ce modèle est capable de générer des réponses naturelles et cohérentes en fonction du contexte. Pour charger le modèle et le tokenizer, ajoutez le code suivant :

```
from transformers import GPT2LMHeadModel,
GPT2Tokenizer

model_name = "gpt2"
model =
GPT2LMHeadModel.from_pretrained(model_name)
tokenizer =
GPT2Tokenizer.from_pretrained(model_name)
```

Étape 3: Créer un pipeline de génération de texte

Nous allons utiliser un pipeline pour générer les réponses de notre chatbot. Les pipelines sont des objets de haut niveau qui simplifient l'utilisation des modèles pré-entraînés. Ajoutez le code suivant pour créer un pipeline de génération de texte :

```
from transformers import TextGenerationPipeline

text_generator = TextGenerationPipeline(model,
tokenizer)
```

Dans l'exemple précédent, j'ai utilisé TextGenerationPipeline au lieu de pipeline pour montrer explicitement le type de pipeline que nous créons pour notre chatbot. En effet, TextGenerationPipeline est une sous-classe de la classe générique Pipeline spécifiquement conçue pour gérer la génération de texte.

Cependant, il est tout à fait possible d'utiliser la fonction pipeline pour créer un pipeline de génération de texte en passant l'argument 'text-generation' en tant que type de pipeline. La fonction pipeline est une fonction utilitaire pratique qui permet de créer différents types de pipelines en fonction de l'argument passé. Voici comment créer un pipeline de génération de texte en utilisant la fonction pipeline :

```
from transformers import pipeline

text_generation_pipeline = pipeline("text-
generation", model=model, tokenizer=tokenizer,
device=device)
```

```
generated_text = text_generation_pipeline(prompt,
max_length=50, do_sample=True, temperature=0.8)
```

Dans cet exemple, le résultat sera similaire à celui obtenu en utilisant directement TextGenerationPipeline. La fonction pipeline est souvent utilisée pour sa simplicité et sa polyvalence, car elle permet de créer différents types de pipelines en modifiant simplement l'argument de type. Cependant, l'utilisation de TextGenerationPipeline peut rendre le code plus explicite et clair pour les lecteurs en indiquant spécifiquement quel type de pipeline est utilisé.

Étape 4: Implémenter la fonction de réponse du chatbot

Pour générer des réponses cohérentes et contextuelles, nous devons formater notre entrée de manière à ce que le modèle comprenne qu'il doit répondre à une question. Nous utiliserons la fonction generate_chatbot_response pour générer des réponses en fonction des questions de l'utilisateur :

```
def generate_chatbot_response(question,
max_length=50):
    prompt = f"Q: {question}\nA:"
    input_ids = tokenizer.encode(prompt,
return_tensors="pt")
    generated_output = text_generator(input_ids,
max_length=max_length, do_sample=True,
temperature=0.7)
```

```
    response =
tokenizer.decode(generated_output[0],
skip_special_tokens=True)
    return response[len(prompt):].strip()
```

Cette fonction prend en entrée une question et génère une réponse
en utilisant le pipeline de génération de texte. La variable
max_length contrôle la longueur maximale de la réponse générée,
et l'argument temperature influence la créativité du modèle (une
valeur plus élevée générera des réponses plus créatives, mais
potentiellement moins cohérentes).

Étape 5: Interagir avec le chatbot

Nous pouvons maintenant interagir avec notre chatbot en appelant
la fonction generate_chatbot_response avec différentes questions.
Voici un exemple d'utilisation :

```
question = "Qu'est-ce que l'intelligence
artificielle ?"
response = generate_chatbot_response(question)
print(response)
```

En résumé, nous avons créé un chatbot simple en utilisant les
modèles pré-entraînés et les pipelines de Hugging Face
Transformers. Bien que ce chatbot puisse générer des réponses
cohérentes et informatives dans de nombreux cas, il est important
de noter que sa performance dépend de la qualité du modèle pré-

entraîné utilisé et des paramètres de génération. Pour améliorer les performances de votre chatbot, vous pouvez explorer des modèles plus avancés, ajuster les paramètres de génération ou entraîner votre propre modèle sur des données spécifiques à votre domaine.

N'hésitez pas à expérimenter avec différents modèles pré-entraînés et à adapter votre chatbot à vos besoins spécifiques. Vous pouvez également intégrer votre chatbot dans des applications ou des services en ligne pour offrir une expérience utilisateur interactive et conviviale.

Autre version :

Voici un exemple de chatbot qui utilise une boucle while pour continuer à interagir avec l'utilisateur jusqu'à ce qu'il saisisse un mot-clé spécifique pour quitter, par exemple "exit":

```python
from transformers import pipeline,
AutoModelForCausalLM, AutoTokenizer

# Charger le modèle et le tokenizer
model_name = "gpt-2"
model =
AutoModelForCausalLM.from_pretrained(model_name)
tokenizer =
AutoTokenizer.from_pretrained(model_name)
```

```python
# Créer le pipeline de génération de texte
text_generation_pipeline = pipeline("text-
generation", model=model, tokenizer=tokenizer)

# Boucle pour interagir avec l'utilisateur
while True:
    # Demander à l'utilisateur d'entrer une
question ou un message
    prompt = input("Vous: ")

    # Vérifier si l'utilisateur a saisi le mot-
clé pour quitter
    if prompt.lower() == "exit":
        print("Chatbot: Au revoir !")
        break

    # Générer une réponse en utilisant le
pipeline
    generated_text =
text_generation_pipeline(prompt, max_length=50,
do_sample=True, temperature=0.8)

    # Afficher la réponse générée
    response = generated_text[0]
["generated_text"]
    print(f"Chatbot: {response}")
```

Dans cet exemple, le chatbot continuera de générer des réponses jusqu'à ce que l'utilisateur saisisse le mot-clé "exit". La boucle while permet de maintenir la conversation avec l'utilisateur aussi longtemps que nécessaire.

6.2 Exemple pratique : classification de texte

Dans ce paragraphe, nous allons explorer un exemple pratique de classification de texte en utilisant les modèles pré-entraînés et les pipelines de Hugging Face. Notre objectif est de créer un classificateur de texte simple qui permettra de déterminer si un commentaire est positif, négatif ou neutre.

Pour commencer, nous devons charger un modèle pré-entraîné adapté à la classification de texte et son tokenizer correspondant. Dans cet exemple, nous utiliserons le modèle distilbert-base-uncased-finetuned-sst-2-english qui est pré-entraîné pour la classification des sentiments sur le dataset SST-2.

```
from transformers import pipeline,
AutoModelForSequenceClassification, AutoTokenizer

# Charger le modèle et le tokenizer
model_name = "distilbert-base-uncased-finetuned-
sst-2-english"
model =
AutoModelForSequenceClassification.from_pretraine
d(model_name)
tokenizer =
AutoTokenizer.from_pretrained(model_name)

# Créer le pipeline de classification de texte
sentiment_analysis_pipeline =
pipeline("sentiment-analysis", model=model,
tokenizer=tokenizer)
```

Maintenant que notre pipeline est prêt, nous pouvons créer une boucle while pour interagir avec l'utilisateur. L'utilisateur pourra entrer un commentaire et notre classificateur de texte déterminera si le commentaire est positif, négatif ou neutre.

```python
# Boucle pour interagir avec l'utilisateur
while True:
    # Demander à l'utilisateur d'entrer un
commentaire
    comment = input("Entrez un commentaire (ou
'exit' pour quitter): ")

    # Vérifier si l'utilisateur a saisi le mot-
clé pour quitter
    if comment.lower() == "exit":
        print("Au revoir !")
        break

    # Classer le commentaire en utilisant le
pipeline
    sentiment =
sentiment_analysis_pipeline(comment)

    # Afficher la classification du commentaire
    label = sentiment[0]["label"]
    score = sentiment[0]["score"]
    print(f"Classification: {label}, Score:
{score:.2f}")
```

Dans cet exemple, l'utilisateur peut continuer à entrer des commentaires jusqu'à ce qu'il saisisse le mot-clé "exit". La boucle while permet de maintenir l'interaction avec l'utilisateur et de classer plusieurs commentaires au fur et à mesure qu'ils sont entrés. Ce classificateur de texte simple illustre comment utiliser les modèles pré-entraînés et les pipelines de Hugging Face pour effectuer des tâches de NLP en quelques lignes de code.

6.3 Exemple pratique : génération de texte

Dans ce paragraphe, nous allons explorer un exemple pratique de génération de texte en utilisant les modèles pré-entraînés et les pipelines de Hugging Face. Notre objectif est de créer un générateur de texte qui produira un texte cohérent et intéressant à partir d'une phrase d'amorce fournie par l'utilisateur.

Pour commencer, nous devons charger un modèle pré-entraîné adapté à la génération de texte et son tokenizer correspondant. Dans cet exemple, nous utiliserons le modèle GPT-2 gpt2, qui est pré-entraîné pour la génération de texte.

```
from transformers import pipeline,
AutoModelForCausalLM, AutoTokenizer

# Charger le modèle et le tokenizer
model_name = "gpt2"
model =
AutoModelForCausalLM.from_pretrained(model_name)
tokenizer =
AutoTokenizer.from_pretrained(model_name)

# Créer le pipeline de génération de texte
text_generation_pipeline = pipeline("text-
generation", model=model, tokenizer=tokenizer)
```

Maintenant que notre pipeline est prêt, nous pouvons créer une boucle while pour interagir avec l'utilisateur. L'utilisateur pourra entrer une phrase d'amorce et notre générateur de texte produira un texte en se basant sur cette phrase.

```
# Boucle pour interagir avec l'utilisateur
while True:
    # Demander à l'utilisateur d'entrer une
phrase d'amorce
    prompt = input("Entrez une phrase d'amorce
(ou 'exit' pour quitter): ")

    # Vérifier si l'utilisateur a saisi le mot-
clé pour quitter
    if prompt.lower() == "exit":
        print("Au revoir !")
        break

    # Générer du texte en utilisant le pipeline
    generated_text =
text_generation_pipeline(prompt, max_length=100,
num_return_sequences=1)

    # Afficher le texte généré
    print(f"Texte généré: {generated_text[0]
['generated_text']}")
```

Dans cet exemple, l'utilisateur peut continuer à entrer des phrases d'amorce jusqu'à ce qu'il saisisse le mot-clé "exit". La boucle while permet de maintenir l'interaction avec l'utilisateur et de générer plusieurs textes au fur et à mesure qu'ils sont entrés. Ce générateur de texte simple illustre comment utiliser les modèles pré-entraînés et les pipelines de Hugging Face pour effectuer des tâches de NLP en quelques lignes de code.

Conclusion

En conclusion, tout au long de ce livre, nous avons exploré les différentes facettes des bibliothèques et des outils offerts par Hugging Face pour faciliter le développement d'applications d'intelligence artificielle et de traitement automatique du langage naturel (NLP). Nous avons appris à utiliser Python pour interagir avec les modèles pré-entraînés, les datasets, les tokenizers, les pipelines, et les espaces de collaboration (Spaces), et avons abordé des sujets avancés tels que l'entraînement personnalisé de modèles et l'optimisation des hyperparamètres.

À travers divers exemples concrets, nous avons vu comment tirer parti de ces outils pour résoudre des problèmes courants en NLP, tels que la génération de texte, la classification de texte, et la création de chatbots. Nous avons également discuté des techniques avancées telles que le pruning, l'AutoTrain, et l'entraînement de tokenizers pour améliorer les performances des modèles et adapter les solutions aux besoins spécifiques de chaque projet.

Ce livre a pour objectif de fournir une base solide pour les développeurs souhaitant se lancer dans le monde de l'intelligence artificielle et du NLP avec Hugging Face et Python. Bien sûr, il ne s'agit que d'un point de départ, et il existe encore de nombreux sujets à explorer et de compétences à développer pour devenir un expert dans ce domaine. J'encourage les lecteurs à continuer à expérimenter, à apprendre et à partager leurs connaissances avec la communauté, car c'est en travaillant ensemble que vous pourrez repousser les limites de ce que l'intelligence artificielle et le NLP peuvent accomplir.

Enfin, je tiens à souligner l'importance de la collaboration et de l'ouverture dans le développement de l'intelligence artificielle. Hugging Face, avec ses modèles, ses datasets, et ses outils, est un excellent exemple de la manière dont la communauté peut s'unir pour créer des ressources accessibles et performantes qui profitent à tous. J'espère que ce livre vous a inspiré et vous a donné les compétences nécessaires pour contribuer à l'évolution et à l'amélioration de cette technologie passionnante.

www.ingramcontent.com/pod-product-compliance
Lightning Source LLC
LaVergne TN
LVHW051705050326
832903LV00032B/4018